कुछ पते कुछ चिट्ठियाँ

कुछ पते कुछ चिट्ठियाँ

रघुवीर सहाय

राजकमल प्रकाशन

ISBN : 978-81-7178-062-4

मूल्य : ₹ 295

पहला संस्करण : 1989
दूसरा संस्करण : 2009
पहली आवृत्ति : 2022

प्रकाशक : राजकमल प्रकाशन प्रा. लि.
1-बी, नेताजी सुभाष मार्ग, दरियागंज
नई दिल्ली-110 002

शाखाएँ : अशोक राजपथ, साइंस कॉलेज के सामने, पटना-800 006
पहली मंजिल, दरबारी बिल्डिंग, महात्मा गांधी मार्ग, प्रयागराज-211 001
36 ए, शेक्सपियर सरणी, कोलकाता-700 017
वेबसाइट : www.rajkamalprakashan.com
ई-मेल : info@rajkamalprakashan.com

मुद्रक : बी.के. ऑफ़सेट
नवीन शाहदरा, दिल्ली-110 032

KUCCH PATE KUCCH CHITTHIYAN
Poems by Raghuvir Sahay

समर्पण

अपने पिता श्री हरदेव सहाय की स्मृति को

शक्ति दो, बल दो, हे पिता
जब दुख के भार से मन थकने आय
पैरों में कुली की सी लपकती चाल छटपटाय
इतना सौजन्य दो कि दूसरों के बक्स बिस्तर घर तक पहुँचा आयें
कोट की पीठ मैली न हो ऐसी दो व्यथा
शक्ति दो—

और यह नहीं दो तो यही कहो,
अपने पुत्रों मेरे छोटे भाइयों के लिए यही कहो—
कैसे तुमने अपनी पीढ़ी में किया होगा क्या उपाय ?
कैसे सहा होगा, पिता, कैसे तुम बचे होगे ?
तुमसे मिला है जो विक्षत जीवन का हमें दाय
उसे क्या करें ?
तुमने जो दी है अनाहत जिजीविषा
उसे क्या करें ?
कहो, अपने पुत्रों मेरे छोटे भाइयों के लिए यही कहो।

नयी दिल्ली, 1951

निवेदन

कवि का आज का संकट नया नहीं है । नया केवल संघर्ष के पिछले दौर में पराजय का बोध है और साथ ही यह प्रश्न भी कि अन्याय और दासता की पोषक और समर्थक शक्तियों ने जब ऐसी स्थिति उत्पन्न कर दी है कि मानवीय अधिकारों के लिए संघर्ष करनेवाले अपनी हर लड़ाई में उन्हीं के आदर्शों की पूर्ति करते दिख रहे हैं जिनके विरुद्ध संघर्ष है, तब रचनाकार इस संघर्ष में अपनी हिस्सेदारी कैसे निबाहे ।

पिछले संग्रह की कविताएँ लिखते समय सामाजिक चेतना और रचनात्मक अभिव्यक्ति के जिस दौर के बीच से कवि अपनी कविताएँ लेकर पाठकों के सामने अपनी परीक्षा के लिए उपस्थित हुआ था वह दौर अभी समाप्त नहीं हुआ है । भाषा के अनेक प्रकारों पर व्यावसायिक और राजनैतिक कब्जे ने भाषा की रचनात्मकता को अनेक प्रकार से विकृत और कुंठित किया है, नई प्रतिभा को सामाजिक चेतना के विषय में बलपूर्वक अशिक्षित करके मनुष्यों के बीच साझेदारी के संबंध तोड़े हैं और उनकी जगह बनावटी रागात्मकता के नए समझौते आरोपित किए हैं, जो उसके किसी पक्ष को कोई आत्मिक बल नहीं देते । वे प्रत्येक अनुभव को एक सनसनी और प्रत्येक मनुष्य को एक वस्तु बनाते चले जाते हैं । इस ध्वंस-व्यापार का प्रतिष्ठान नई प्रतिभा को लगातार लुभाता और पथभ्रष्ट करता रहता है । रचनात्मकता के विरुद्ध इतना बड़ा अभियान आजादी के बाद दासता की पहली बार एकत्र शक्तियों ने चलाया है ।

जिस तरह रचनात्मकता और आज़ादी एक ही मानवीय आकांक्षा के पर्याय हैं, उसी तरह समता की लड़ाई और कविता भी एक ही मानवीय उत्कर्ष के पर्याय हैं । बहुत-सी बहसें इनकी तदर्थ व्याख्याएं करने से पैदा होती हैं परंतु रचनात्मकता की लड़ाई में कवि के लिए आज के संघर्ष की रणनीति नहीं बतातीं ।

पराजय के जिस दौर का बोध हमें हो रहा है उसमें पीछे मुड़कर देखें तो अपनी भूल जान पाएँगे । राजनैतिक संगठन, विचारधारा का समर्थन और अनेक प्रकार के सामाजिक चक्रव्यूहों में योद्धा का स्थान—यह सब समय-समय पर संघर्ष का आधार हो भी सकता है और नहीं भी हो सकता है । पर कवि का हर समय सार्थक अभिज्ञान यही है कि संघर्ष का आधार नए मानवीय रिश्ते की खोज होना चाहिए और यह खोज जारी न रहने पर वे परिणाम निकल सकते हैं जिनको आज हम देख रहे हैं—इतिहास और परंपरा की विकृति के द्वारा एक बनावटी इतिहास का निर्माण और आनेवाली पीढ़ी की प्रायोजित अशिक्षा ।

इसीलिए यह संग्रह आपके सामने लाते हुए मैं फिर दोहराना चाहता हूँ कि वह रचना जो पाठक या श्रोता के मन में पतन का विकल्प जाग्रत नहीं करती, न तो साहित्य की उपलब्धि होती है न समाज की। विकल्प की चेतना के विपरीत यदि कविता कुछ करती है तो वह यथास्थिति को ही यथार्थ के रूप में आरोपित करने का दुष्प्रयत्न और रचना-परंपरा की विश्व-उपलब्धियों को पीछे लौटाने का दूसरा नाम है और रचना नहीं है। वह रचना के साधन का रचना-विरोधी उद्देश्यों के हाथों में पड़ना है।

यह जोखम आज पहले से कहीं अधिक व्याप्त है। इसके जवाब में कवि फिर एक बार कुछ पतों पर चिट्ठियाँ लिख रहा है, जो डाक से नहीं भेजी जा सकतीं क्योंकि पते बदलते रहते हैं। ये कविताएँ भी न व्यक्तिगत संदेसे हैं, न गश्ती परिपत्र। ये हर पाठक के पास पहुँचने और बोली या पढ़ी जाने पर चिट्ठियाँ बनती हैं।

25-जुलाई, 1989

रघुवीर सहाय

सी-3, प्रेस एन्क्लेव,
मालवीय नगर, नई दिल्ली

क्रम

उनहार

यह किताब अधिक संगठित है
भावों के मुक़ाबले
जो कभी टहलते कभी मँडराते हुए
आते हैं इसके पन्नों में से होकर
पन्नों में से नहीं।

क्या ये स्मृतियाँ हैं विचारों की जो
अपने साथ कोई आदमी लिए हुए
हलकी-सी कोशिश करती हैं पहचान की ?

यह किताब कुछ अनुभव ऐसे बताती है
दस बरस पहले हुए थे जो
पर इसमें आज क्यों दिखाता है यही नहीं ?

बचपन में जो शहर देखा था, उसके जो सपने थे
उनकी यादें—देखो—
पता नहीं क्या सच है क्या स्मृति है
और यह आदमी कल था या आज है ?
बहरहाल यह किताब अधिक संगठित है कि
इसमें कल तर्क सहित लिखा गया एक पूरा अनुभव अब तक है
सिर्फ़, मैं इसे जब-जब पढ़ता हूँ, कुछ पन्ने
अपने मज़मून के बावजूद

ये पन्ने ठीक वहीं आते हैं
जहाँ किसी से कोई सूरत मिलने-जुलने लगती है
(जो कि बिला शक एक धोखा है मगर इस किताब का बड़प्पन भी ।)

दिसंबर '82

आज की कविता

कविता कविता कविता
कविता पर कविताएँ
मैं आदिकाल से लिखता आया हूँ दोनों :
जैसे जैसे मैं और अरक्षित होता हूँ
रचना की यह प्रक्रिया बदलती जाती है।

तब, उसे बिना बतलाए कविता कैसे हो
जब भाषा कवि को लोगों से ही लेनी है।
वे लोग तो नहीं लिखते कविता भाषा में—
उनकी भाषा जो है, विचार दे जाती है।

मैं पूछ रहा हूँ इसीलिए यह बार-बार
वह दर्द कहाँ मर गया रोज़ जो होता था
जिससे वह एकाकी भी तड़पा करता था
वह बल, कविता ने पाठक से क्यों छीन लिया ?

यह दृष्टि सुंदरापे की कैसे बनी कि हर वह
चीज़ जो ख़बर देती है हो गयी ग़ैर ?
क्यों कलाकार को नहीं दिखाई देती अब
गंदगी, ग़रीबी और गुलामी से पैदा ?

आतंक कहाँ जा छिपा भाग कर जीवन से

जो कविता की पीड़ा में अब दिख नहीं रहा ?
हत्यारों के क्या लेखक साझीदार हुए
जो कविता हम सबको लाचार बनाती है ?

दिसंबर '83

कविता पाठ

सन्नाटा छा जाए मैं जब कविता सुना कर उठूँ:
वाह वाह वाले निराश हो घर जाएँ,
घर जाकर मेरी कविता सुनें जैसी उन्हें याद रह जाए
वैसी सही, कोई हरज नहीं—
अगर एक दो शब्द वे अपने मन से जोड़ भी दें
कोई हर्ज नहीं, मगर उन्हें लगने लगे घटक शब्द
कहीं ग़लत जुड़ गया और वे सोचते रह जाएँ
देर तक देर तक क्या है वह:
और जब याद आ जाए तो उसको निकाल दें मेरी कविता में से
फिर लंबी साँस संतोष की लें।

उधर सभाकक्ष में कोई
दोहराता हो बार बार कवि अपनी पंक्तियाँ।

सितंबर '84

गद्य

सुंदर सुगठित गद्य, सहृदय के हाथों लिखा
पढ़ते पढ़ते चित्त, यात्राएँ करने लगा
स्मृतियों का इहलोक, किसी और ने था रचा
भूले बिसरे मित्र, किंतु मुझे मिलने लगे
उनका अपना कथ्य, वही गद्य कहने लगा।

मई '85

हत्या की संस्कृति

अंग्रेज़ी पढ़ालिखा हत्यारा कहता है
''मुझे कहीं छिपना है, पुलिस पीछे पड़ी है''
आधुनिक प्रेमिका कहती है ''ख़ून, अरे लाओ, पट्टी कर दूँ''
औरत से कहता है अभिजात अपराधी ''धन्यवाद।''

(यह एक शब्द में संस्कृति है)

पट्टी करती है जब सर झुका कामिनी
मानो संवाद में बड़ा अभिप्राय भर कहता है
''तुमने पूछा नहीं ख़ून कैसे लगा ?''

''यह मैं पूछना नहीं चाहती
इस समय मेरे लिए इतना ही काफ़ी है कि तुम मुश्किल में हो।''

हत्या की संस्कृति में प्रेम नहीं होता है
नैतिक आग्रह नहीं
प्रश्न नहीं पूछती है रखैल
सब कुछ दे देती है बिना कुछ लिए हुए पतिव्रता की तरह।

साथी

नुक्कड़ की दुकान पर भीड़ ने जहाँ सड़क के कीचड़ में
आदमी के खड़े होने भर की जगह छोड़ी है
वहीं वह खड़ा है पिये हुए।
उसके चिमिरखी शरीर का अंदर से डोलना
देख नहीं पाते हैं भीड़ से रास्ता निकालते
संतुलित राहगीर।

हर ख़रीदार को वह सलाह देता है
बिन कहे
बिन बोले उसकी पसंद की
तारीफ़ करता है
कुछ ख़रीदता नहीं, कुछ माँगता नहीं

जब नशा उतरेगा
दारिद्रय का एक फ़ोटो बन जायेगा
उजले काले का इक धुँधला निगेटिव
मानो बाज़ार सब बंद हो गये हों :

जब नशा उतरेगा तब जान ही चुके होंगे हम
कि वह पिये था
कहो, कौन हममें से उसके आनंद को
बाँटेगा
जब शराब पास में किसी के नहीं होगी ?

मई '85

प्रश्नमंच

''जब कोई सरकार नागरिकों को शांति और समृद्धि का आश्वासन देने के लिए राजाज्ञा का आश्रय लेती है, चौकन्ना होने का समय आ जाता है कि इसका प्रतिलोम तो नहीं होने वाला है ?''

किसने कहा था यह और कब ?
प्रश्नमंच में पूछा जाता है—
उत्तर बता नहीं पाते हैं श्रोता
हमको लगता है यह हमीं ने कहा है, पर
याद नहीं कर पाते कैसे कब !

अध्यापक से

मरने से पहले घर एक बार जाने की आकांक्षा
साहित्य के अंदर कितना पिटा हुआ वाक्य बन जाती है ।

अरे भले आदमी, अध्यापक,
लेखक की यह जीवन भर की कमाई थी
करुणा से स्वर कँपाय तुमने बहाय दी ।

सच क्या है ?

सच क्या है ?
बीते समय का सच क्या है ?
क्रूरता, जो कुचल कर उस दिन की गयी
वही सच है उसे याद रख, लिख अरे लेखक
दस बरस बाद बचे लोग समझते होंगे
युग नया आ गया
तब हुकुम होगा कि दस बरस पहले का वह दमन
वास्तविक यथार्थ में क्यों हुआ था, समझ !
क्यों गला बच्चे का घोंटा गया था,
यह उसकी घुटन से अधिक अर्थवान है !
वह बता !

तब यह लिखा हुआ पढ़ कर सुना देना
कहना, यही सत्य मेरा यथार्थ है
क्योंकि इस दुःख का मैं भागीदार हूँ
यह मेरा ज्ञान इतिहास का सत्य है
तथ्यों की भूल के कारण भी झूठ न हो जाएगा
उन सारे कारणों को हम सँवार दें तर्क से
तो अत्याचारों को सहने का वह अनुभव
व्यर्थ न हो जाएगा।

यह मैं क्यों कहता हूँ ?

क्योंकि आज ताक़तवर
धरती निचोड़ कर दौलत बढ़ाएँगे
और उसे इस तरह बाँटेंगे कि हर समय
उनको ग़रीबी की जगह मिलती रहे
ऐसे मानवीयता बची रहे पृथ्वी पर
हर समय एक नयी क्रूरता पैदा होती रहे
जैसे एक मौसम बना कर पकाया हुआ बेफ़सल फलफूल।

इस झूठे करुणामय मन को धिक्कार है
वह दुख ही सच्चा है जो हमने झेला है।

दिसंबर '84

वृद्ध का वक्तव्य

मैं अभी कल तक मानता ही नहीं था
कि बूढ़ा हो रहा हूँ
यह क्या हुआ है कि दो ही चार दिन में बुढ़ा गया ?
कोई विचार, कर्म, अपराध ऐसा नहीं किया
जिससे अकस्मात आयु क्षीण हो जाये

''कुछ नहीं हुआ है, पुरुषों को ऐसा ही होता है
कुछ है जो उनमें हर वक़्त मरा करता है,''
ऐसा मुझसे कहा कमला ने प्यार से ।
शायद सच कहा हो ।
कितने रस गंध रंग रूप परस
मैंने भोगे होंगे; बीच बीच में अपनी देह को
जाँचता रहता हूँ, परिपक्व हो रही
स्मृतियों का संचय जब एक दिन अनुभव के संबंध
विस्मृत कर देता है
तब चुंबन एक एक याद नहीं रह जाता
एक वृहद् अतृप्ति बाक़ी रह जाती है ।

पूछ लिया ''ऐसा क्यों ?'' इसका उत्तर न था
कमला समझ नहीं पायी यह अपने से बाहर का संसार ।

जितना समेट हम लेते हैं गठरी में

जादू के खेल सी टोकरी ख़ाली निकलती है
दुःख को उसकी जगह नहीं दी गयी
और वह उड़ गया पंख फड़फड़ा कर ।

दिसंबर '84

रिजरफ़ रेल

यहाँ पँचकुइयाँ से शीला सिनेमा तक
थूक ही थूक है रात के दस बजे
भीड़ अब नहीं है। वे सब कहाँ गये,
बीमार फेफड़े, हाँपते लपकते हुए
फेंक कर गये हैं जो दिल्ली के हाज़िरी खाते में दस्तख़त
ज़रा ज़रा दूर पर।

आख़िर हम आधी रात की गाड़ी के पहले
टेसन पहुँच गये।

खड़ी रेलगाड़ी में आलीशान सन्नाटा
धुले पुँछे डब्बे हैं, सूखे, कीचड़ नहीं,
हर सीट रिज़रफ़ है, गिने चुने असबाब
सुंदर सलोतर हैं।

आराम, एकांत, इंतज़ाम, स्वच्छता,
लोग रबर के बने निःशब्द आते हैं क़वायद करते हुए
बाजा कोई नहीं मगर मौन उत्सव है
ख़ास ख़ास लोगों का।

पूछो, सवाल है लोग कहाँ लोप हो गये हैं ?
टेसन से हाँक कर उन्हें कहाँ तुमने बंद कर दिया ?
जीवन से जूझते फेफड़ों के सबूत
जिनके दिखे थे अभी
यहाँ आते हुए ?

मई '85

□ विदाई

युग बदलता है उमर ढलती है
औरतें मर्दों को जगत के अनुसार जीवन बदलने का परामर्श देती हैं
पुरुष भी थक चुके होते हैं, एक चोट खाते ही ध्वस्त होने के पूर्व
सोचने लगते हैं क्या पतन ही जीवन जीने की क़ीमत है
क्या मेरा झूठा अहंकार ख़ुशी भरे जीवन से वंचित मुझे करता है
और अब अहंकार से पैदा कर रहा हूँ मैं क्या ?

वक़्त जब बदलता है एक सिरे से मानक तब बदल जाते हैं बहते हुए
ज़ोर से पानी पर उतराते जाते हैं वे चिकने खोपड़े
जो कल तक परिचित थे
आज उन्हें हम देखना नहीं चाहते :
सहसा पता चलता है वे ही सच हो गए लेकिन इतिहास जो बनाते हैं, ये
नहीं ।
वे जो हारे हैं इतिहास को बनाते हैं ।

मैं रो नहीं रहा, मैं गा नहीं रहा अपना सुसंस्कार
जब मैं मेहमान को बताता हूँ कुछ नहीं और उसके जाने पर फूल बाँध
देता हूँ
उसके रूमाल में
जबकि पार्टी में हैं सब कठोर चेहरों पर तेजयुक्त मुस्कानें ।

बाप का बेटे से बोलना

तू बड़ा हो रहा है
तो मैं भी कुछ बड़ा ही हो रहा हूँ
ज़ब तू और छोटा था
तेरे मचलने को बस तेरा बचपना समझता था
नहीं जानता था कितनी कचोट हो सकती है
बालक के मन में
क्योंकि तब तू जो था सो था ही
मैं भी तब आज से छोटा था
तब मैंने सोचा था शायद तरसता है
भूख से, लालच से तू कभी
अब जानता हूँ कि तब कितना कड़वापन
कितनी मरोड़ कहीं अंतर में होती रही होगी !
अब बड़े होने पर जानता हूँ, बच्चे
बड़े होते जाते हैं
लेकिन सुरक्षित नहीं होते ।
अपने बच्चों की पीड़ा ही अनुभूति है
पीड़ा की
अपनी ख़ुद की पीड़ा में बहुत बनावट है
और दूसरों की पीड़ाएँ सच्ची नहीं ।

मरघट

शानदार मौत थी
इसलिए कि कोई न भीड़ थी
न था रोना धोना
हम लोग एक बड़े ख़ाली खेत में गये
गाँव के सिमटने से बचा रह गया था जो
और एक हल्की सी देह को फूँक आये ।

''कहाँ है मरघट ?'' जो पता दिया गया था
पूछता उसे चला रामजस स्कूल के पीछे
एक जगह दो लड़के बोले ''हाँ, रामजस ?
वहीं हम पढ़ते हैं—मरघट वहीं पर है ?''
—मुँह बा कर रह गया वह युवक—
यह तो पता ही न था !

फिर हम भटक गये
अंत में एक किसी से मिले
दोनों ने सुखमय आश्चर्य से पूछा—
''मरघट ? मरघट ? मैं वहीं जा रहा हूँ, चलिए''
यों रस्ता मिल गया ।

दाह-संस्कार में बड़ी कार्रवाई थी
यह लाओ, वह लाओ, यहाँ धरो, वहाँ धरो,
सात मन लकड़ी, पुरानी, सूखी भारी

तीन हवन सामग्री के पाकिट, बस ख़तम ।
जब चिता चुन गयी नियम के अनुसार
संपुजन सुंदर था, शिल्प में रीतिमत
शव उससे ढँक गया ।

तब मुखाग्नि दी गयी । तालियाँ बजी नहीं, कैमरे नहीं खड़के ।
नीरव विनम्रता : सब जानते थे कि क्या कर्मकांड है
पर किसी पर कोई बंधन नहीं था सिवाय मौन रहने के ।

वह थी तिहत्तर की
ऐसे ही हम भी थे
उस उम्र के जहाँ हर पुरुष समवयस्क लगता है—
''यह यहाँ वालों का 'लोकप्रिय' मरघट है''
कोई हिंदी बोला
श्री तनखा ने कहा, ''हम जहाँ रहते हैं ज़्यादातर लोग मियाँ बीवी हैं,''
उम्र हो चली है, पूरी अवकाशप्राप्त लोगों की बस्ती है—
आज यह, कल वह, छह बरस में मैं इस मरघट में बीस बार आया हूँ ।
इस तरह हमने उस बस्ती के इस निर्जन द्वीप का भूगोल पहचाना ।

लौट कर नहाया, हलका हुआ,
मानो बड़ा काम कर आया हूँ :
देह में फुर्ती, दिमाग़ में रोशनी—
यह क्या एक मौत का करिश्मा है
मेरे स्वास्थ्य में सुधार ?
कमला ने कहा, ''नहीं तुम पैदल चले थे,
भीतर से विह्वल हुए थे, उदास भी,
ठंड हो चली थी तब लाल लाल लपटों को तापा था,
कुछ भारी लकड़ियाँ उठाई थीं
दस लोगों के साथ अनायास नम्र हो अपने जीवन की
निस्सारता जानी थी
तभी लग रहा है कि रक्तचाप ठीक है ।''

दिसंबर '84

घिसी पेंसिल

फिर रात आ रही है
फिर वक़्त आ रहा है
जब नींद दु:ख दिन को
संपूर्ण कर चलेंगे
एकांत उपस्थित हो, 'सोने चलो' कहेगा
क्या चीज़ दे रही है यह शांति इस घड़ी में ?
एकांत या कि बिस्तर या फिर थकान मेरी ?
या एक मुड़े कागज़ पर एक घिसी पेंसिल
तकिये तले दबा कर जिसको कि सो गया हूँ ?

खड़ी बोली

भाषा की ऊष्मा से फूटते नहीं हैं शब्द
भीगी पोटली में अब ।
कविता बनाकर मैं मोड़ कर रख देता रहा हूँ
दो दिन में खोल कर पढ़ लेता रहा हूँ
आड़े तिरछे अँखुए चिटख़ी दरारों में झाँकते मिले हैं ।
आज यह नहीं हुआ
सावधान !
क्या खड़ी बोली में अनजाना शब्द अब
नहीं रहा
जिसको परंपरा देती थी ?

क़स्बे में दिन ढले

क़स्बे में दिन ढले
युवती के चेहरे पर
लालटेन की आभा :
ऊब और कोहरे में
खोया हुआ आँगन
करती है पार उसे रोशनी लिए युवती ।

दो छोटे बच्चे

दो छोटे बच्चे सटे सटे सो गये थे
उनकी माँ ठिकाना आने पर उतरी
और बहुत ख़ुश ख़ुश
मुझे दिखाती हुई बच्चों को जगाकर साथ लेती गयी ।

परिवार

मुझको मालूम है
तुम मेरे सपनों में
और कभी अपने भी सपनों में
छिप छिप कर रोती हो।

ये सब मेरे लड़के
जहाँ कहीं भी हों परदेस में
अपनी लड़ाइयाँ लड़ते हैं
बार बार लौटकर मुझको बताते नहीं।

लड़कियाँ बाप की एवज़ी करती हैं
सबको ख़ुश रखती हैं
जो वह रख नहीं सका।

कैंसर

कैंसर से बहुत दिन बचे रह लेने का एक ही उपाय है
कि पता मत लगने दो कि तुम्हें कैंसर है, दूसरों को
और ख़ुद को भी, ख़ुद को ज़्यादा ज़रूरी है।
मगर जिन्हें डाक्टर बता देता है उन्हें यह भी बताता है
कि रोगी से मत कहो, रोगी की राजनीति यह है कि वह
समाज में अरक्षित है, मित्रों की राजनीति यह है कि
मरता है उसे मारने में विजय है। इसलिए जो रोगी का कैंसर
जानते हैं उन्हें पतनशील जाति में संवाद की
आक्रामक सभ्यता में नियत अमानुषिक संबंध की
रक्षा करनी है, रोगी की नहीं। वे बताते हैं कि रोगी को
कैंसर है मगर उसे यह ख़बर बचने के लिए नहीं देते हैं;
सबको बताते हैं जो अनेक रूप से रोगी को मारने को वचनबद्ध
हैं और एक सूचना कैंसर उपचार के विकसित उपायों की
हमको दे जाते हैं—उनको जिनका अभी कैंसर
अघोषित है।

मेरी बेटी

दुबली थकी हारी एक छोकरी काम पर जाती थी
दूर से मैंने उसे आते हुए देखा
पर जितनी देर में मैंने पहचाना वह मेरी ही बेटी थी
उतनी ही देर में कितनी बदल गयी।

प्रार्थना के शब्द

मैं अपने पैतृक घर में गया। मेरे सत्कार में उनने कुछ पकाया था—औरों के खाने से कुछ अलग। किसी ने राय दी सब के लिए थोड़ा थोड़ा पकाने से बेहतर है एक साथ पक जाये। पर मैंने ताड़ लिया—अपना ख़ुद पकाना एक ज़िंदगी अपने तरीक़े से जीने का हिस्सा है।
मैंने पड़े पड़े जाने किन शब्दों को मन से कहा : प्रार्थना नहीं थे वे, लेकिन संदेह के होते भी मुझे लग रहा था कि आँख खुल जाने के पहले, जब तक संसार उजियाले से नष्ट नहीं होता तब तक यह जो भी है कह लेना चाहिए। तभी मैं समझा प्रार्थना क्या होती है।
जगते में की हुई प्रार्थना सगुण उपासना लगती है पर जिस अवस्था में मैंने की उसमें न कोई आराधना थी न पूजा थी—मेरी
अपनी लिखी हुई प्रार्थना में कोई शब्द न थे।

घुटन के बाहर

यह सही है कि एक गाँव में लगातार रहकर भी अपने इंसान को जाना जा सकता है। मगर एक गाँव से, एक पंचायत से, घुटन से, मुक्ति से, दूसरी में जाना जाति के घेरे में रहकर संभव नहीं। भाषा का पक्षधर एक घरघुस समाज दूर पर जो घेरा डाले कृतिकार को हर समय ताड़ता रहता है, उसको फलाँग कर किसी और भाषा में, किसी और विधा में, किसी और देश में किसी इतिहास में, कहीं भी किसी और घेरे में जाना ही पड़ेगा—अंत में उसको भी अपेक्षया जल्दी ही तोड़ने के लिए। मुझे शक्ति यह जानकर नहीं मिलती है कि मैंने अपने को कहाँ जोड़ा है। मेरा सर्जनात्मक सुख यह जानने में है कि मैंने अपने को कहाँ तोड़कर एक नई बस्ती बसाई है और यदि यह भी कमोबेश देख सकूँ कि वह नई सृष्टि मेरी पुरानी बस्ती को उजाड़ कर बनी है तो क्या कहने।

बहस

हँसते मुस्कुराते वे हमें घेर लेते हैं और किसी बात पर तीखे सवाल कर ऐसा जताते हैं जैसे वे हमसे विरोध नहीं सहमति कर रहे हों : हम अपना पक्ष पुष्ट करने के वास्ते उतना ही तीखा जवाब दे देते हैं जैसा कि प्रश्न का तक़ाज़ा था। ठीक उसी वक़्त वे बदल कर बहस शुरू करते हैं जैसे यह झगड़ा हमने शुरू किया। अगले दिन हँसने की बात को भटका कर हँसते हैं और कह देते हैं कि आप जिस बात पर हँसते हैं वह कोई आपकी पसंद है, हमसे क्या। इस तरह वह ज़ाहिर करते हैं बहस एक चीज़ है पहले से सहमति के बिना जिसे किया नहीं जा सकता।

हकीम और औरत

नब्ज़ देखता है एक बूढ़ा और अपने को
सदा सच मानने वाला हकीम :
औरत चुप इंतज़ार में। उसके यौवन के बीस बरस
जो अभी एक क्षण में घटित लगते हैं, क़ैद हैं।
नब्ज़ की धड़कन के साथ काल बीतता पर औरत शांत है।
वह जानती है क्या हाल बतलायेगी—
काम कुछ हकीम का अलग ही काम है।

उसके पतले अधर, बड़ी बड़ी आँखें,
पलकें महीन, दाँत भिचे हुए हैं
जो खुलें तो चेहरे का चरित्र कौंध जाय
उँगलियाँ रोज़ के कामकाज से घिसीं :
हरी हरी चूड़ियाँ।
अब हकीम चेहरे को देखकर पाता है
यौवन के बाद के बरस जी उठे हैं रोगी के मुख पर :
औरत अधेड़ हो गयी है, हकीम चुप—
अचरज से नहीं बल्कि आदर से।

पागल औरत

तेज़ रफ़्तार से भागती मोटरें
और उनके बीच में एक पागल पैदल एक बड़ी चिड़िया सी—
चदरा खोलें हुए नंगी स्त्री।

गाड़ियाँ ज़ूँ से निकल गयीं—
वह उनको अचरज से देखती नहीं है,
देखते हैं हम, कौतूहल से उसको, कनखी से
फुर्ती से गाड़ी सम्हाले हुए।

पागल विरोध में तन खोले रहता है
जुल्म की शकल सिर्फ़ औरत बताती है
मर्द महज़ सब लोगों जैसा हो जाता है।

युद्धविराम

जाने किस तरह की थकान थी, रोग की थी या विचार की थी, या दोनों के एक साथ एक टकराव की थी, कि बहुत सवेरे जाग पड़ने के बाद फिर सोने के स्वप्न की। उसमें बहुत दिन बाद एक कबूतर आया। कंकरीट का जंगल इतना मानवताविहीन नहीं है हमारे यहाँ जैसा यूरोप में है। पहले गुटरगूँ सुनाई दी; कितनी भरी मिठास है इस गुटरगूँ में। फेफड़े का दम है और पूरी देह की गरमाई है। पंख की फड़फड़ हुई और फिर खिड़की से पंख दिखाई दिये! क्या वह कमरे में आना चाहता है? वह कितनी स्वागत वापसी होगी। वह आधा दिखता रहा और फड़फड़ होती रही मानो तीस साल पहले की कहानी का कबूतर लौटा हो। वह अपने साथ स्मृतियाँ नहीं लाया है, केवल मेरे अतीत का अर्थ लाया है।

इसके पहले मैं लगभग स्वप्न में सुनी एक पंक्ति सोच रहा था: 'मित्रो' से शुरू होती थी वह और इस शुरुआत को बदलने की इच्छा बरबस हो रही थी या शायद वह शुरू से ही कोई और पंक्ति थी। मैं सोच रहा था कि जीवन का एक मूल्यवान क्षण होता है जिसमें हम अपने मित्र के पास अपने विचार बाँटने जाते हैं, हम अपने शत्रु के सामने होते हैं, उससे परामर्श करने के लिए कि यह विचार मेरा है। यह भेंट पहले से तय नहीं होती है। शायद हम एकाएक अपने एकांत से उकता कर एक बार अपने उस चेहरे से टकराने जाते हैं जो कहीं दर्पण के पीछे है। इतना विराट एकांत मुझे किसी काम का नहीं रखेगा जहाँ मैं ही मैं हूँ। युद्ध में विराम सभी सभ्य समाजों में होता है, युद्धविराम में हम क्या करते हैं यही रचनाकार को योद्धा से अलग करता है: हम शत्रु के पास जाते हैं क्योंकि यही व्यक्तित्व के विकास की आधुनिक ज़रूरत है।

पुल का इतिहास

दूर देश में गया

तीन हवाई अड्डों पर जहाज़ बदले
दुर्गम पहाड़ की बल खाती सड़क पर
सुहावने मौसम में मोटर दौड़ाते हुए
दिन ढलते ढलते एक पुल पर पहुँच गया।

इस पुल पर चार शती पहले इतिहास के
प्रेमी, निठल्ले, विद्रोही, आक्रांता गुज़रे थे,

बीसवीं सदी में वे एक उपन्यास के पात्र थे
आधुनिक फ़ौजों को, बदलते हुए बाजों और शस्त्रों के साथ
इसी पुल पर
क़वायद करते हुए
पुस्तक में देखा था।

दिन की बची खुची रोशनी में फ़ोटो खींच ली

उसी कठिन रास्ते से घर आते हुए
सहसा पता लगा कि कैमरा फ़िल्म के बगैर था।

अब मेरे पास उस पुल पर हटो बचो करती
सवारियों से बचते किसी तरह कैमरा लिए खड़े
अपने दिमाग़ में अपनी तस्वीर है।

औरतें

हाथ बालों पर नहीं जिनके कभी फेरा गया
बैठकर दो चार के सँग
तजुर्बे अपने सुनाने का नहीं मौक़ा मिला,
औरतें वे सूखकर रह गयीं :
उनकी बच्चियों ने जवाँ होकर दादियों की
काठियाँ पाईं ।

कविता के नक़्शे में एक चाल

कैसे लोग होते हैं जो अपने ख़र्च के
और पावने के सब काग़ज़ सहेज कर रख लिया
करते हैं कविता की परचियों के समेत।

वे तब चिंताओं के हल की बनाते हैं योजना
और याद रखते हैं कि एक एक चाल उसी कविता के नक़्शे में।

हर एक हत्या में, पक्ष किसका लेंगे
तय किया करते हैं उस समय
जब कि हत्यारे को पहचान लेते हैं।

वे हर ज़माने में सफल व्यक्ति होते हैं
जो कि पक्ष लेने से पहले तय करते हैं किसको
हत्यारा बताने में लाभ है
यह उन्हें किसी समय तय करना पड़ता है
सिर्फ़ देख लेते हैं कि क़ानून किस समय
सबसे कमज़ोर है
उसी समय मिलकर चिल्लाते हैं चोर चोर।

कभी कभी दुनिया को फिर से

कभी कभी दुनिया को फिर से बनाने के वास्ते
काग़ज़ पर योजना करता हूँ : कुछ नई पोशाकें,
कुछ नये फ़र्नीचर, कुछ नये फूल, कुछ कीड़े मकोड़े—
लोग नये खोजता हूँ तो सब वही वही लोग जुट जाते हैं
बूढ़े बने हुए। वह देखो तीस बरस पहले का यह परिचित—
ऐसे अनेक हैं इस ठहरे चित्र में सहसा बूढ़े हुए जड़ चेहरे।

सब चल रहे हैं—
एकाएक सब समूह में सुस्त चाल चल रहे हैं—
सवेरे की सैर है, आवाज़ बंद है :
एक नया वीडियो ईजाद हुआ है
चेहरे की झुर्रियों में से टेलीविज़न पर
निकलेंगी ध्वनियाँ

उसे फिर पलटा कर जहाँ एक दृश्यखंड संपूर्ण होता है,
फिर बजा देंगे हम—
काल को इसी तरह बुत्ता देते हुए, चुने हुए अंश—मंथर गति में—
फिर बजा देंगे हम :

सपने के अंदर सूचना भरी रहती है,
पटकथा नहीं होती।
फिर भी कोई कोई
ठीक समय,

जाने क्या संवाद एकदम सही बोल देते हैं
अंतर में छिपे भाव की भंगिमा सहित,
ब्योरा ब्योरा सही,
पात्र के अनुसार।

फूट

हिंदू और सिख में
बंगाली असमिया में
पिछड़े और अगड़े में :
पर इन से बड़ी फूट
जो मारा जा रहा और जो बचा हुआ
उन दोनों में है ।

चिड़ियों का चिल्लाना

सुबह सुबह बुलबुल की कोयल की बोलियाँ
आदतन हमको सुन पड़ती हैं, होती वे नहीं हैं।
दो चिड़ियाँ यहाँ, जब दिन चढ़ आता है
रोज़ रोज़ छज्जे पर बमचख़ मचाती हैं
क्योंकि वे तिलौरी हैं; कर्कश आवाज़ है–
ये मेरे घर को साधारण सा करती हैं :
मैं कैसे जानूँ क्यों दूसरी तिलौरी से
हर दिन किस बात पर तिलौरी झगड़ती है–
मैंने तो एक नयां अनुभव पहचाना है,
कुछ सच्चा लगता चिड़ियों का चिल्लाना है।

आप की ख़ुदाई

आप की ख़ुदाई में
लाल असल से चटक
घास निहायत हरी
और सूखती नहीं
रंगीन टी. वी. पर
दुनिया दिखाते हैं
मिट्टी सुनहली
और पानी रुपहला है
मगर रामसूरत की
भौचक चुँधी निगाह
वैसी की वैसी है
आधुनिक निर्देशक तब
हरे लाल अचरज के
साथ रामसूरत को
लाते हैं दृश्य में
फ़िल्म जब निकलती है
वह पाया जाता है
कैमरा निहारता।

महफ़िल में सितार

ग्रामोफ़ोन पर सितार
द्रुतलय में बजती गत
साढ़े तैंतीस चक्र प्रति मिनट। तेज़ था
मोटर। कुछ बिगड़ा था—
दर्द से भर आया मन। वह
संगीत के हुरियाए जाने का दर्द था—
बेबसी का नया रंगरूप—
सुर चिचियाया हुआ,
तबला गिड़गिड़ा गिड़गिड़ा थके जाता था
झूम झूम कर नहीं।
तब रिकार्ड ख़त्म इस तरह हुआ
जैसे पतुरिया ने महफ़िल में झुककर सलाम किया।

जब मर के गया मैं बाहर

जब मर के गया मैं बाहर
तब याद मुझे आया घर।
अब भी वो झगड़ते होंगे
हगनी मुतनी बातों पर,
माँ अब भी दिलाती होगी
क्या मेरे मरने का डर?
मैं कहता था ये दुश्मन
मेरे पीछे पड़े हुए हैं।
तुम लोग भी मेरे दुश्मन!
वे लोग भी मेरे दुश्मन!
अब कैसे समझ सकेंगे?
दुश्मन का था क्या मतलब?
मेरे हर वाक़िफ़ के आगे
वे हाथ पसारेंगे जब।

इंतज़ार

एक बड़े होटल के कमरे में बैठकर
सभी ख़ानसामों से ऐसे मुस्कुराता है
जैसे वह शोषित के प्रति करुणाशील है;
अपने प्रति न्याय नहीं होने से खिन्न युवक आते हैं
वे अपनी कहते हैं, वह सुनता रहता है,
उसकी मुस्कान से वे यह समझते हैं
शायद यह जागरूक है मेरे साथ है;
ऐसा ही बार बार होता है होटल में
बार बार निर्णय का दिन टलता जाता है;
सुथरी मुस्कानें हैं, कष्ट की कथाएँ हैं
सामाजिक चेतना ! इंतज़ार ! इंतज़ार !

एकांत

किसी एक व्यक्ति से उसके एकांत में कोई ईमानदार बात सुनने की
आशा भी करो तो अकेला नहीं मिलता है।
उसके साथ मिलते हैं बैठक में जमे लोग
जो कहीं न कहीं एक गुप्त संस्था के सदस्य हैं,
यह सन पचहत्तर के जैसा माहौल है
हर जगह खुफ़िया विभाग है
फ़र्क़ बस यह है कि सरकार का नहीं।

सच, सच बताने से कोई समझता नहीं
जब तक कि उसमें कहीं थोड़ी मिलावट न हो
बचपन के साथी उस मिलावट के अनुसार
संवाद करते हैं।

यह जीवन यात्रा रहस्यमयी चीज़ है—
इसमें पहुँचना इस बात पर निर्भर है
कि कौन कहाँ कैसे रस्ते से कतरा गया।

बूढ़े

लोकतंत्र का मज़ाक़ बनते
देख रहे हैं बेहद बूढ़े
कुछ कम बूढ़े कहें कि क्या यह लोकतंत्र है ?
इनसे भी कम बूढ़े कहते हैं कि मार दो
बेहद कम बूढ़ों को नफ़रत लोकतंत्र से
बाक़ी सबको एक दूसरे से नफ़रत है ।

बेसुरे लोग

मैं जहाँ रहता हूँ, हिंदू और मुसलमान
दोनों बेसुरे हैं। भजन और कीर्तन
करते हैं, ढोलक और चिमटे की
ढक ढक सुन पड़ती है,
भजन के शब्द नहीं। अज़ान दी जाती है
हरयाणवी लोकगीत सुन पड़ता है।
दोनों समाज कर्मकांड का उच्चारण
भूल गये। उनकी पकड़ में चिल्लाहट आती है।

श्रद्धांजलि

जब कोई अपना हक़ माँगने आता था
सेठ जी मेज़ से सर सटा, मानो यह उनकी निजी मुद्रा हो,
नथुनों की साँस को
उँगली पर जाँचने लगते थे—कौन स्वर चलता है—
दायाँ कि बायाँ ?
दायाँ, तो शत्रु पर विजय होगी—
बायाँ, तो सफलता संदिग्ध है ।
यही दीर्घ जीवन का उनके रहस्य था ।
कोई निःश्वास व्यर्थ जाने नहीं दिया ।

इमर्जेंसी

गयी इमर्जेंसी की बात है
कहीं एक कमरे में चार अफ़सर बैठे
बारी बारी से एक चुटकुला सुनाते हैं—
एक पूरा हुआ, दूसरा शुरू हुआ
और वह ख़त्म नहीं हुआ कि तीसरा शुरू—
फिर चौथा, पाँचवाँ, छठा और सातवाँ,
आठवाँ आदि आदि आदि आदि···
उनकी अथक हँसी गहरी करती गयी
उनके भीतर घृणा
बाक़ी सबके लिए।
एकाएक सन्नाटा छा गया
जिसके कि भय से वे बोले जा रहे थे।
फिर हँसे, चश्मे उतार कर
पोंछ कर रख लिए
क़लम बंद कर ली,
आज की बहस ख़त्म।
बाक़ी कल। उठ पड़े।
एक विराट दफ़्तर से नीचे उतर कर घर चल दिये
बाक़ी अफ़सरों के विषय में अपने विचार
बीवी को बतलाने।

यूरोप में कविता-1

तेज़ी से वक़्त पर पहुँच गये मेहमान।

इंतज़ाम कील काँटे से लैस था
यही—माइक्रोफ़ोन, कैमरा, टेपांकन
घंटे भर में कितना काम हो गया! देश में
जो हम दोपहर भर करते!
वह सुंदर लेखिका विचलित हो
अपने को गर्मकोट में लपेट
किसी सरल तर्क की खोज में
अभिमान करके चली गयी।

अब हुआ धन्यवाद, हम ठंड से निकले।

कुछ समय पास है,
हम पैदल जायेंगे
ठंड में थकान से हाँफते हाँफते।

एक दिन देश और कालहीन चुक गया
ये दोनों मेरे अपने यहाँ नहीं।
वातावरण है बस—एक गरम कमरे का
और उस लेखिका की किसी परिचित से
मिलती जुलती शकल।

यूरोप में कविता-2

मैंने कविता पढ़ी,
अनुवाद एक और कवि ने किया और पढ़ दिया
वहीं पर वही बात कहने के वास्ते
जो मैंने जहाँ पर कही थी।
सुर मिला, ताल भी,
बंदिश कुछ और थी।
तार झनझना उठे मेरे भी, कवि के भी
वह अपनी भाषा में डूबता चला गया :
मैं अपनी भाषा में खुलता निकल आया।

जहाँ हर काम है भविष्य से बचाव का
वहाँ एक नया बड़ा लंबा था वर्तमान।

यूरोप में कविता-3

प्रकृति कठोर है आदमी हिंसक है
यही है यूरोप का रहस्य।
सभ्यता मेज़ों पर गोश्त ही गोश्त है
और छुरी कांटे में नम्रता।

हर सुबह बस्ती के पास की क़ब्रों पर
फूलों में गुच्छों की सज्जा के नये शिल्प।

यह मकान दो दिन में बन गया—
कहकर विदेशी को लोग बतलाते हैं
हर बस्ती से सटे क़ब्रगाह का नियम।

यूरोप में कविता-4

एक यूरोपीय युवक
एकटक एक क्षण
देखता है मुझे।
प्रेम है उसके देखने में, न जाने क्यों—
मैं कोई बड़ी चीज़ पाता हूँ,
जाने क्यों—कोई संपूर्णता।

उसने नहीं देखा था सड़क पर घर जाते बाप के कंधे पर
बच्चे की ऊब को : भारत वह नहीं गया
फिर भी उसने कहा ! हाँ वह कविता हुई।

हम दोनों

दिन भर संग्राम में करता हूँ युद्ध मैं
रात को, 'अकेला मुझे छोड़ दो,' कहता हूँ।
तुम भी यही कहती हो
तुम भी यही करती हो
दोनों अकेले हम दूर दूर होते हैं।
उस समय चाहे तो मृत्यु मुझे आकर दबोच ले
तुम को भी।
उठ कर सवेरे हम देखते दूसरा
आज और एक दिन कल से बुढ़ा गया।
एक दूसरे को बताते नहीं हैं हम
दोनों का यह रहस्य जाने सो जान ले।

दयावती का कुनबा

अब इस घर में पुरुष कोई नहीं रह गया।

यह एक लंबी कहानी है
वहाँ से शुरू करें?
जब इस सदी के आरंभ में
दयावती घर से विदा हुई,
हर पुत्री का अपना भाग्य है
मान कर पिता ने वर ले दिया;
बोझ मिटा बाप का
जिसको संसार में कितने ही मोर्चे लड़ने थे—
दयावती को उससे ज़्यादा लड़ने पड़े।
तब से शुरू हुई दयावती की कथा

इच्छाएँ दाब कर बदल कर स्वभाव को
जैसे ससुराल में पसंद था
रोगों को झेलकर, दिखलाकर सगुन
चार बच्चे पैदा किये।
कहा नहीं जा सकता क्यों पहले बेटे की
बीवी ने तीन लड़कियाँ जनीं
पर उसका आदमी पेट का मरीज़ था
और बहुत चाय और सिगरेट पीते हुए
अपनी मामूली तनख़्वाह की शर्म से
मुक्त रहा करता था।

प्राकृतिक इलाज इस ग़रीबी में असंभव था—
महँगी दवाओं के विष से वह मर गया;
विधवा कई बरस घुट कर धुएँ में रसोई के चल बसी।
दयावती को लगा कि घटनाएँ तेज़ी से घटती हैं
जैसे कि पोतियाँ हो रही हैं बड़ी।
दूसरे बेटे ने धौंस बड़े बाबू की सही,
कामचोरों की एवज़ी करता
सिर झुका इलाज के बग़ैर ही गुज़र गया।
तीसरा शादी के पहले ही
घर से असंतुष्ट था—
बीवी से बहस की और ज़हर खा लिया।

यह सब संक्षेप में मैंने बताया है
क्योंकि दयावती की कहानी बहुत लंबी है—
एक साल पति की सुश्रूषा करते हुए
कई बरस कम पढ़ी औरत के
सीने पिरोने की मेहनत मजूरी के—
लड़की को रोज़ी कमाने के लायक़ बनाने के—
इसमें दामाद खोजने को भी जोड़ लें
तो अंतिम साँस तक घिसटती दयावती
दोनों विधवाओं को छोड़ गुज़र जाती है
पोतियों की ख़बर हमको पता नहीं
वे अपनी दादी की तरह कहाँ
बोझ कम करने के लिए विदा होती हैं।

शोकसभा

शोकसभा को जाता था मैं लपका लपका

बार बार अजनबी राह में पड़ जाते थे
एक सीध में चलते चलते ठीक सामने
ठिठक वहीं से मुड़ जाते थे
नहीं जानते थे यह हमें कहाँ जाना है
दफ़्तर से छूटे थे वे बोझा लेकर के
कुछ हलका होना था घर जाने के पहले।

देखो, मैंने कहा एक से
शोकसभा हो रही वहाँ है
वहाँ पेड़ के नीचे, क्या तुम नहीं जानते ?

सब चेहरे जाने पहचाने
बंद गले के कोट, दुपट्टे
डाले हुए वहाँ बैठे थे
देते हुए ख़बर सबको अपने होने की,
मनपसंद दूरी पर अपने
परे, दिवंगत को सरकाते,
कहीं छिपे कैमरे के लिए
अपना चेहरा आप घुमाते

अटकी हुई सुई को जैसे बार बार आगे खिसकाते
एक एक कर वक्ता बोले
वर्तमान में जगह बना दी
श्रद्धांजलि ने जहाँ हमारी
बिना बताये उसी जगह पर
शोकसभा भी ख़त्म हो गयी ।

पिछवाड़े की गली में

फिर उसी शहर में, जहाँ पैदा हुआ
उनसठ बरस हुए,
और उसी घर में किंवदंती के अनुसार जो मेरा घर था :

ये मुँडेर कुछ चौड़े हो गये लगते हैं,
छत कुछ नीची अधिक,
ज़ीना ज़्यादा खड़ा, चौखट अधिक घिसी,
और सदर दरवाज़ा भिड़ते ही खड़ खड़ खड़ करता है।

मेरे मोहल्ले में खँडहरों का अनंत सिलसिला
एक के बाद एक जैसे तोड़ तोड़ कर सजा दिये गये हों।

सर झुका आज की नियामतें स्वीकार करते हैं वृद्ध लोग,
सिर्फ शोर लड़कों का उन्हें नापसंद है।

वहीं एक विधवा आतंक से उदास, शांत
नगर पालिका से मकान को बचाने में धरती उठाती असबाब को।

उगते दीवालों में दरीचे बारामदे: दहलीज़ें मेहराबें
हर घर में घेरती ज़मीन जहाँ भी ख़ाली मिलती है।

यहीं कहीं पिछवाड़े एक गली जाती थी
जिसके सुनसान में मैं भरी दोपहरी में निकल
छाँह छाँह अंत तक जाता था जहाँ गली बड़ी सड़क में जाकर
मिलती थी

रस्ते में अधमुँदे पल्लों के टाट के परदों की ओट में कौतूहल
एक दबी बोली सा
मुझको बुलाता चला जाता था;
गली साफ़ सुथरी तो नहीं थी
परनाले देहरी के सामने बहते थे
बत्तख़ें राह पार करती थीं दौड़ कर सीध में
घबरा कर किसी और घर में घुस जाती थीं
और एक रहस्यमयी औरत भी नुक्कड़ पर रहती थी
उसका निखट्टू घरवाला सोता हुआ
दो बच्चे दुबले और काले खेलते हुए
टीन के छाजन की झिरियों से दिखते थे—
गली ख़त्म होने पर चौड़ी सड़क पर था डाकघर
मैंने खेल खेल में एक बचत खाता भी खोला था
पाँच रुपै बचपन में पाये इनाम के उसमें जमा किये
वह बढ़ कर मेरे पिता की अंत्येष्टि में ख़र्च हुए।
—कई बरस पहले की बात है घर का चबूतरा
तेरही में पंगत बैठाने को काफ़ी था
अब उस पर बेघर रिक्शा मजूर रहते हैं।

गलियाँ तो और भी, पिछवाड़े जाती थीं
वहाँ आज गिरे पड़े घर अपने बेचकर
लोग न जाने कहाँ रहने चले गये।
मलबे पर घर नौदौलतियों के बन गये—
नीले, रुपहले, लाल शीशे जड़े हुए—

वहीं एक घर था मैं जिसमें हो आया हूँ।

जाड़ों की शाम को जब बढ़ती ठंड में
कोई नयी ख़ुशी बहुत नयी लगती है
दिल्ली से दो दिन की छुट्टी पर आया था

कवि का कर्तव्य, नये भारत में लोकतंत्र, सच्चा समाजवाद
—बुनते उधेड़ते, वक़्त कट चला था—
शाम हो गयी थी कि अपनी बिरादरी के एक बुज़ुर्ग ने
आकर चिरौरी की—
आपके आने का दिन भर आसरा रहा
भूल गये थे शायद, आइये, यहीं पास में घर है।
दीवालें झरती थीं झूलते किवाड़ थे
छोटे से कमरे में धुँधले से बल्ब तले टूट की मेज़ थी
दिन भर ग़रीबी को ढाँक कर सलीक़े से, तले भुने छौंके-
कल्हारे पकवान—सब। उसने पकाये थे :
हिंदी और उर्दू के सुथरे मुहावरे हम बोले, भाषा पर बात की
फिर मन उचट गया।
भूख नहीं है मुझे कह कर मैं उठ पड़ा
झूठी तटस्थता बाप और बेटी को अपना नहीं सकी।
आज पिछवाड़े की गलियों का नक़्शा बदलता है
सपने में वह घर मैं खोजने निकलता हूँ
फूहड़ रँगे चुँगे मकान दीख पड़ते हैं।
इससे भी ज़्यादा बुरा है कि मलबे का
कोई भी ढेर कहीं नज़र नहीं आता है।

बच्चे की माँ

बच्चे को जाँघ पर डाल कर
एक हाथ कपड़ों की गिरती हुई पोटली सम्हालता
दूसरा बच्चे को ठोकता—
गठरी गिरने लगी साथी को पकड़ायी
चेहरा परेशान हुआ बोतल लड़के को दी
आदतन या शायद भूखा था वह उसे ख़ाली करने लगा
जल्दी पी! झल्लायी
बोतल फ़र्श पर गिरी
गंदी तो नहीं हुई? बच्चे के मुँह में लगा दिया
अब शांत। दूध जब पी चुका
तब उसे पट करके फिर ठोकने लगी
ठोकती जाये जमुहाती जाये
सो गया, तब उसकी शक्ल पर
अपनी आँखों समेत
एक क्षण के लिए उसकी परछाईं पड़ी।

रोग के बाद

अब चंगे होने पर हँसने का मन लौट आया है
पर लंबे रोग में शरीर खो चुका है
हँसी रोकने पर वश ।

बार बार

बार-बार ठीक उसी वक़्त वह
व्यक्ति मर जाता है
जब जिसकी पीठ पर वक़्त एक
गठरी रख जाता है
उसकी उछाह से हलकी होती हुई
चाल के बावजूद ।

यह तो इतिहास का तरीक़ा है
दुख में वह याद दिलवाता है
कि जितना अनिवार्य था वह
कि जो चल बसा
उतना हर एक, जो
अब भी मौजूद है, होता है ।

इसको समझे बिना
हम तीन-चार वाक्य कहते हैं
इस क्रम से : 'कैसा दुर्भाग्य है'
और 'वह अमर है'
और 'यह अभाव अब पूरा नहीं हो सकता'
फिर सब दीवारें
सर पर गिर पड़ने के ख़तरे को भाँपकर
और जोड़ देते हैं—'कम से कम कई वर्ष ।'

गदराई लड़कियो

गदराई लड़कियो
बच्चों में वे विस्मय
क्षण भर को भर दो
जो वे बड़े होंगे तो
प्रेम सिखलाते ही उन्हें चले जायेंगे

चाहत पैदा करो
उनमें अपने लिए नहीं
बदन के लिए
ख़ुद अपने यौवन को जी भरकर भी चुको
जब तक वे वासना समझने के योग्य हों।

कोई षड्यंत्र है

कोई षड्यंत्र है
जिससे समाज में
कई रेलगाड़ियाँ
सब सुंदर औरतें
रेल के टेशन पर
एक संयोग से
जमा कर जाती हैं।

अनजाने
हम इस षड्यंत्र में
शामिल हो जाते हैं।

जीवन में और सब कामों में
हम सुंदर औरतें
एक जगह जमा नहीं देखते
सुंदर औरतों बिना
इस खंडित देश का
काम चला करता है।

काम के वक़्त वे
हमको मिल जाती हैं
थोडी सी क़ीमत पर।

अख़बारवाला

धधकती धूप में रामू खड़ा है
खड़ा भुलभुल में बदलता पाँव रह रह
बेचता अख़बार जिसमें बड़े सौदे हो रहे हैं।

एक प्रति पर पाँच पैसे कमीशन है,
और कम पर भी उसे वह बेच सकता है
अगर हम तरस खायें, पाँच रुपये दें
अगर ख़ैरात वह ले ले।

लगी पूँजी हमारी है छपाई-कल हमारी है
ख़बर हमको पता है, हमारा आतंक है,
हमने बनायी है
यहाँ चलती सड़क पर इस ख़बर को हम ख़रीदें क्यों?
कमाई पाँच दस अख़बार भर की क्यों न जाने दें?

वहाँ जब छाँह में रामू दुआएँ दे रहा होगा
ख़बर वातानुकूलित कक्ष में तय कर रही होगी
करेगा कौन रामू के तले की भूमि पर क़ब्ज़ा।

जब उसको गोली मारी गयी

जब उसको गोली मारी गयी
फ़ोटो से जाना क्या पकता था चूल्हे पर
बेटे ने बैठ कर अपना मुँह दिखलाया
लाश का ढँका था मुँह ।।

समाधि लेख

आज महाकवि की कविताएँ
छाप रहे हैं महाप्रकाशक।

अलग अलग विषयों पर ये
कविताएँ छह खण्डों में होंगी
एक साथ सब ग्रंथ मँगायेंगे
तो बहुत रियायत देंगे
पाठकगण संदेह मत करें
कविता इसी तरह बिकती है
कुछ कवि लिखते भी ऐसे हैं
कुछ को हम यों कर देते हैं।

एक साथ संपूर्ण महाकवि
कोई पढ़ता नहीं, पढ़े तो
उसमें कुछ चटपटा नहीं रह
जाता, बस बचता विषाद है।

एक साथ ही अगर चाहिए
तो वह भी हमने छापा है
लिखा महालोचक ने कवि पर
पूरे का सारांश दे दिया
उस पर अपना भाष्य किया है
ब्योरे का कुछ काम ही नहीं।

'मेरी कविता में ऊषा के
भीतर मेरी मृत्यु भी लिखी
चिड़िया के भीतर है मेरी
राष्ट्रभावना, बच्चों में दुख।
माना सब कुछ गड़बड़मबड़ है
पर मैंने यों ही देखा था,

नारी, चिड़ियाँ, देश जागरण,
बच्चा, प्रकृति, दुःख, वासना
अलग अलग डब्बों में मेरी
पीड़ाएँ मत बंद कीजिए
जिन्हें एक में मिलाजुला कर
मैंने की थी ये रचनाएँ।'

यह कहने आ नहीं सकेंगे
चले गये हैं स्वर्ग महाकवि
बचे रहे हैं कुशल मूर्तियों
और मक़बरों के निर्माता।

लेखाजोखा

यह जो यहाँ वहाँ छपी हुई कतरनें बटोरकर
तुमने बताया कि जीवन भर का किया काम है
वास्तव में है नहीं।

क्योंकि तुम्हें कोई कतरनें मिली नहीं होंगी उनकी
जो बिना कहीं छपे हुए रहती हैं कविताएँ क्योंकि वे
लिखी नहीं जाती हैं आधी से अधिक कभी। इनका
अंतिम सिरा कहाँ छिपा होता है उनके आरंभ के
मध्य में, कोई जानता नहीं जब तक काग़ज़ पर उनको खींचा न जाय
—मगर इस शर्त पर
कि तनने से टूटकर बिखरने के पहले वे अपने धुएँ में
बिला न जायँ—और फिर यह धुआँ आँकते हुए हम कुछ
ऐसा न देखें कि लिखने को कुछ न हो—बशर्ते कि
जो हो
वह शब्दों की प्यास से तड़प दम न तोड़ दे।

नवनिर्माण

सब नयी बस्तियाँ खाले में बसाओ और सब बस्तियाँ खदेड़े हुओं की हों
खदेड़े हुओं की ही होती हैं बस्तियाँ । यही है संस्कृतियों का स्थानांतरण
ठठ के ठठ लोग : लदे हुए ट्रकों में ट्रकों से हिलगे हुए
नये नगर के निर्माण स्थल पर जा बसने को पहुँचते हैं
पहुँचते है जहाँ नयी बस्ती बसाने की इजाज़त मिल जायेगी
और बड़े लोग भी रोकेंगे नहीं बल्कि चाहेंगे वे बसें
हाँ, हमसे कुछ परे जनउरों की बस्ती में, साँचे में ढले हुए, ख़ानों में
बंधे हुए जीवन में ।
जीवन में ख़ुद बड़े लोग भी भीमकाय भवन बनवाते हैं
पर उनके अंदर मानवता बुहार कर जमा नहीं की जाती
उनमें रहती हैं उनकी संस्थाएँ, मनुष्य नहीं ।

विजय जयंती

हाथ में शराब का गिलास ले
वे अपने मस्त हो जाने की कामना नहीं करते
आज की दुनिया के नष्ट हो जाने की करते हैं
जिससे वे निष्कंटक बच रहें

मिनटों में कुछ और साफ़ सोच आता है और भी तटस्थ हो जाते हैं
विध्वंस होगा तो यह महल, जिसमें प्रधान सचिवालय है
और ख़ुफ़िया विभाग,
बाक़ी रह जायेगा
क्योंकि यहीं से हमें त्रस्त मानवता को संदेश देना है।
हरियर पहाड़ी पर युद्ध के नक़्क़ारे तूती के साथ
पदक-वर्दी धारे हुए वादक स्वरलिपि को देख देखकर बजाते हैं
वहाँ प्रकट होती है प्रायोजित स्मृतिसभा
लेखक, समाजविद् और नयी जाति के विचारक आमंत्रित हैं
—तंत्र के सलाहकार
कोई प्रस्ताव नहीं सिर्फ़ सर्वसम्मति है। अंत में प्रीतिभोज
एक बड़े कमरे में गलमुच्छे, चिंतन की मुद्रा में
प्रौढ़ पुरुष, मोहक गतयौवना औरतें,
संकट से सभ्य ख़ानसामों को धन्यवाद देती हैं।

परदे पर निर्विवाद नेता के आदमक़द चेहरे से सभा ख़त्म होती है।

यह था विजय की जयंती का आमंत्रित श्रोताओं के लिए राष्ट्रीय कार्यक्रम।

खोज ख़बर

अनजाने व्यक्ति ने जान पर खेल कर
लोगों के सामने चेहरा दिखला दिया
जिसने आवाज़ दी हत्यारा वह है—जाने न पाये वह
उसे अब छिपा दिया गया है
वह अपनी एकाकी गरिमा में प्रकट हुआ एक मिनट के लिए
प्रकट हुआ और फिर हम सबसे अलग कर दिया गया
अपराध संगठित, राजनीति संगठित, दमनतंत्र संगठित
केवल अपराध के विरुद्ध जो कि बोला था अकेला है
उससे कहा है कि हमसे संपर्क करे, गुप्त रहे
हमें उसे पुरस्कार देना है और पुरस्कार को गुप्त नहीं रखेंगे।

मुझसे कहा है कि मृत्यु की ख़बर लिखो :
मुर्दे के घर नहीं जाओ, मरघट जाओ
लाश को भुगताने के नियम, ख़र्च और कुप्रबंध
—खोज ख़बर लिख लाओ :
यह तुमने क्या लिखा—"झुर्रियाँ, उनके भीतर छिपे उनके प्रकट होने के आसार,
—आँखों में उदासी सी एक चीज़ दिखती है—"
यह तुमने मरने के पहले का वृत्तांत क्यों लिखा ?

बदला

उसने आक्रमण किया
मैंने जवाब दिया
उसने तर्क खोज कर कहा तुम सहमत नहीं तब बहस क्यों करं
और मतभेद जो उसका कवच था लपेट कर कस लिया।
कल मुझे सूझा—अब वह बदला लेगा।
वह ऐसा ही व्यक्ति है
इसलिए उससे नमस्ते की,
मित्रों को 'उस दिन मैं पिये था' कह दिया
(चाहें तो क्षमा करें)

अब वह यह कहता है
'उसमें दो ऐब हैं'
एक तो पियक्कड़ है
दूसरे समझ नहीं।

साइकिल-रिक्शा

यह महज़ सुनने में लगता है साम्यवाद
हम अपने घोड़े को इंसान भी समझें
ख़ास तौर से जब वह सचमुच इंसान हो ।
ग्लानि से भरकर रिक्शे से उतर पड़ें,
पछतायें क्यों उसकी रोज़ी ली,
फिर तरस खाकर बख़्शीश दें ।
तीनों परिस्थितियों में हम हैं लदे हुए, वह हमें ढोता है ।
सिर्फ़ जब ढुलाई पर दोनों झगडते हैं
हैसियत उनकी बराबर हो जाती है ।
आओ इक्कीसवीं सदी के इंजीनियर,
ईजाद साइकिल-रिक्शा ऐसी करें
जिसमें सवारी और घोड़ा अगल-बग़ल
तफ़रीहन बैठे हों ।
मगर आप पूछेंगे इससे क्या फ़ायदा ?
वह यह कि घोड़े को कोई मतभेद हो
पीछे मुँह मोड़कर पूछना मत पड़े ।

मित्रभाव

वह सत्रह का लड़का उकताकर चल दिया
चालि्स की उस सुंदर औरत की बातों से ।

वे बातें कुछ अपने दफ़्तर की थीं कुछ पड़ोसिन की
कुछ बहुत दूर की, कुछ दुनियादारी की
कुल मिलाकर थीं वे क्लेशों के बारे में
लड़के के यौवन से बेगाने क्लेशों के ।

जाने के पहले था लंबा अनजाना क्षण
जब इसने आँख भर निहारा था औरत को
जब उसने देखा था, शिशु वयस्क हो रहा ।

दोनों में एक दिन मित्रभाव आयेगा
लड़का होगा पिता अपनी संतान का
उस अजीब औरत की ममता पहचानेगा
जो उसकी माँ न थी ।

यथार्थ

रात बीत जाने पर
आने के पहले ही सूचना देता है
अपनी कहानी के किसी पात्र से
सपना।
पहले इलाक़ा दिखाता है जहाँ वह मकान था,
फिर गली,
                    फिर नुक्कड़,
मुड़ने पर द्वार दीख जायेगा।
तब वह अजीब गंध आती है सीले बरोठे की
फिर इस तस्वीर की चौखट के पार्श्व से टिकी हुई
आधी-सी छाया,
                    मुख जिसका छिपा हुआ
उसका है जोकि वह पात्र है।